# 지구가 흔들흔들! 해운대에 지진이 일어난다면?

## 정말 해운대에 지진이 일어날까요?

"속보입니다! 일본에서 지진이 일어났습니다!"

2011년 3월 11일, 일본에서 지진이 발생했다는 뉴스를 처음 보았을 때는 크게 놀라지 않았어요. 일본에서는 지진이 자주 일어나고, 그만큼 지진이 일어났을 때를 대비한 준비가 잘 되어 있기 때문이지요. 하지만 속속 들려오는 소식과 해일이 마을을 덮치는 영상을 보면서 저는 온몸에 소름이 돋았어요. 이웃 나라 일본에 대재앙이 일어난 거예요!

자동차와 집이 물 위에 둥둥 떠다니는 영상을 보았나요? 순식간에 삶의 터전을 잃은 일본 사람들의 표정을 보면서 마음 아팠을 거예요. 또 원자력 발전소에 전기가 끊겨서 몸에 해로운 방사성 물질이 계속 뿜어져 나오는 장면은 세계를 공포에 떨게 했어요. 바닷물과 바람을 타고 전 세계 곳곳으로 퍼져 나갈 수 있으니까요. 그리고 일본처럼 우리나라에서도 혹시 지진과 해일이 일어나지는 않을까 걱정하는 사람들도 생겼어요. 이웃 나라 일본에서 벌어진 대재앙은 일본만의 문제가 아니었답니다.

과학 기자인 저는 일본처럼 한국에서도 지진이나 해일이 일어날 수 있는지, 또 일어난다면 어떤 피해를 입게 될지 전문가들을 만나서 알아보고 지진과 해일, 원자력 발전소와 안전에 관한 글들을 쓰게 되었답니다. 그러면서 어린이들도 지진에 대해 제대로 알아야 한다고 생각했지요.

　이 책에서는 일본에서 일어난 지진뿐만 아니라 전 세계에서 일어난 엄청난 지진들과 그 피해를 배우면서 지진이 얼마나 무시무시한 자연 현상인지 확인할 수 있어요. 또, 지진이 왜 일어나는지, 어떻게 땅이 흔들리는지를 비롯해 지진과 관련된 어려운 용어들까지 쉽게 설명되어 있답니다. 더불어 지진이 해일을 어떻게 일으키는지와 우리나라에서 큰 지진과 해일이 일어날 가능성은 없는지, 일어난다면 어떤 일이 벌어질지도 알 수 있어요.

　지진은 아직 인간이 제대로 파악하지 못한 비밀스런 자연 현상이에요. 하지만 많은 과학자들이 지진을 예측하기 위해서 열심히 노력하고 있답니다. 이런 과학자들의 노력에는 자연에 대한 호기심뿐만 아니라, 사람들을 자연재해로부터 보호하려는 마음이 담겨 있어요. 친구들이 일본에 닥친 재앙을 보며 일본 사람들을 걱정한 것처럼 말이에요. 이 책은 그런 과학자들의 노력 덕분에 만들어질 수 있었어요.

　자, 그럼 지금부터 몽탕흔드옹 박사, 강산이와 함께 지진의 비밀을 밝히러 지구 속으로 탐사를 떠나 볼까요?

글쓴이 최영준

## 차례

- 6 • 대지진, 일본을 뒤흔들다!
- 10 • 비상! 일본 대지진 발생!
- 12 • 전 세계를 뒤흔드는 지진의 공포!
- 14 • 2000년대를 뒤흔든 대지진!
- 16 • 지진을 일으키는 거북이?
- 18 • 지진은 왜 일어날까?
- 22 • 궁금해! 지진의 모든 것!
- 24 • 지진이 몰고 오는 또 다른 공포, 해일!
- 26 • 한국도 안전하지 않다?
- 28 • 만약 해운대에 지진이 일어난다면?
- 30 • 지진과 해일에 대비하려면?
- 32 • 꼭 기억하세요!
- 36 • 지진의 모든 것!

# 우리 함께 지진의 비밀을 밝혀요!

### 몽탕흔드옹 박사

세계에서 가장 유명한 지진 박사이다.
지진이 일어나는 곳이라면 어디든 탐사를 다니며
지진이 일어나는 이유와 피해, 대비 방법까지
지진에 대한 모든 비밀을 파헤치고 있다.

### 강산

한국에서 살고 있는 초등학교 2학년 아이이다.
궁금한 것이 있으면 절대 못 참는 호기심쟁이로
몽탕흔드옹 박사에게 수많은 질문을 하며
지진에 대한 궁금증을 해결한다.

안녕? 난 세계에서 제일 유명한 지진 박사 몽탕흔드옹이야. 한국은 지진으로부터 안전한지 조사를 다니고 있어.

물건들 좀 같이 주워 주겠니?
모두 지진을 연구하는 데 필요한 중요한 것들이야.

지진계  나침반  지도  경사계  노트북

전 강산이에요.
그런데 땅이 흔들거리는 지진을 연구하세요?
쿵쾅쿵쾅! 흔들흔들! 재미있겠다!
지진이 나면 놀이기구 타는 기분일 것 같아요!

흠, 지진은 절대 재미있지 않아.
자연재해 중에서도 가장 위험하단다.
얼마 전 일본에서 일어난 지진만 해도
2만 명이 넘는 사람들이
목숨을 잃거나 실종되었어.

그때 나도 일본에 있었단다.
생각만 해도 끔찍한 날이야.
그날도 오늘처럼 짐을
바리바리 들고서 뛰어다니고 있었는데,
왠지 느낌이 좋지 않았어.
작은 지진들이 계속 일어나고 있었거든.

아니나 다를까 갑자기 땅이 마구
흔들거리더니, 도로가 갈라졌어.
강력한 지진이 일어난 거야!
사람들은 크게 놀랐지만 재빠르게 대피했단다.
지진은 무려 6분 동안이나 계속 됐지.

내가 누구니? 세계적인 지진 박사 아니겠어!
지진이 잠시 멈춘 틈을 타 얼른 미국 지질 조사소
홈페이지에서 지진 정보를 확인했어.
글쎄, 규모 9.0의 어마어마한 지진이었어!
지난 100여 년 동안 전 세계에서 일어났던
지진 중에서 네 번째로 강력한 지진이었단다.

*미국 지질 조사소(USGS)
: 홈페이지를 통해 실시간으로 지구촌에 일어나는
 지진 정보를 알려 준다. www.usgs.gov

세, 세계에서 네 번째로
센 지진이 일어났다고요?

## ?! 잠깐! 지진의 규모와 진도?

지진의 규모와 지진의 진도는 언뜻 비슷해 보이지만 분명한 차이가 있어요.
우선 규모는 지진 자체가 만들어 낸 에너지의 크기를
측정하는 단위로, 어디서 측정하든 똑같아요.
하지만 진도는 관측 장소에서 느끼는 지진의 세기로
사람의 느낌, 건물과 땅의 피해 등을 기준으로 해요.
또 규모는 0, 1, 2 같은 아라비아 숫자로 표기하지만
진도는 Ⅰ, Ⅱ 같은 로마 숫자로 표기해요.
같은 규모의 지진이 일어나도 어디에서 측정하냐에 따라
진도는 달라질 수 있어요.

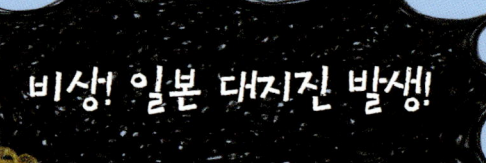

## 비상! 일본 대지진 발생!

"긴급 뉴스를 전해 드리겠습니다. 지금 일본에서는 역대 최대 규모의 지진이 일어나 그 피해가 어마어마합니다. 위험 지역에 계신 분들은 신속히 대피하시기 바랍니다!"

### 2011년 3월 11일

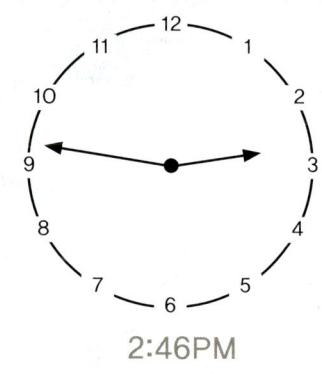

2:46PM

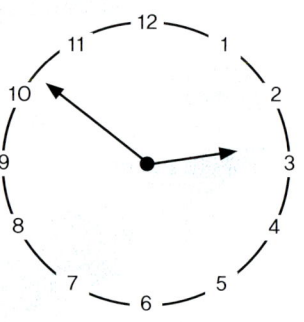

2:46~2:52PM

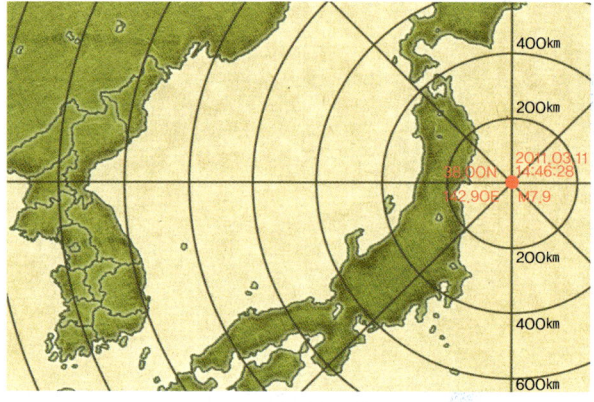

### 일본 역사상 최대 규모 지진 발생

지난 3월 11일 오후 2시 46분, 일본의 수도 도쿄에서 북동쪽으로 373㎞ 떨어진 해저에서 지진이 발생했다. 지진이 실제로 발생한 장소인 진앙은 해양 지각의 깊이 32㎞ 부근이었다. 지진의 규모는 무려 9.0, 일본에서 지진 관측을 시작한 이래 가장 큰 규모의 지진이었다.

### 일본 열도가 흔들흔들

지진의 위력은 대단했다. 지진이 발생하고 불과 몇 초 만에 일본 전체가 흔들거렸다. 도쿄에서는 건물 천장이 무너져 졸업식을 하던 학생들이 다쳤고, 전기 공급이 끊어져 지하철이 멈추고 통신이 마비됐다.

2:56PM                    4:36PM

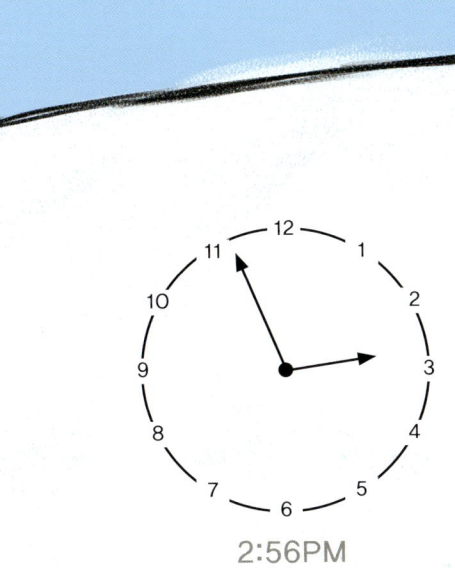

**최고 38.9M높이, 해일 공격**

지진이 일어난 지 3분 만인 2시 49분에 지진 해일 경보가 발령됐다. 지진이 발생한 지 채 10분도 지나지 않아 10층 아파트의 높이보다 높은 거대한 해일이 해안가에 다다랐다. 해일은 도로와 논밭, 마을을 덮치고 한 시간 후에는 공항까지 집어삼켰다.

**원자력 긴급 사태 선포**

지진 발생과 동시에 지진이 일어난 지점에서 가까운 곳에 있는 후쿠시마 제1원자력 발전소의 발전기들이 안전을 위해 자동으로 작동을 중단했다. 원자력 긴급 사태가 선포되고 발전소 주변 3㎞ 내에 있는 사람들에게 대피 명령이 내려졌다.

대서양

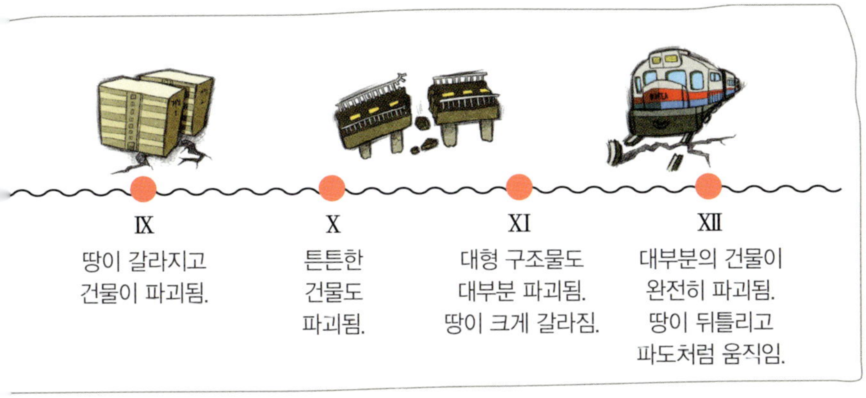

저, 정말 무시무시하네요. 그런데 왜 일본에만 이렇게 무서운 지진이 일어나는 건가요?

지진은 일본뿐 아니라 전 세계 곳곳에서 일어나고 있어. 여기 이 지도를 보렴. 지진이 자주 일어나는 곳을 표시해 두었단다.

특히 태평양을 중심으로 둥글게 고리처럼 표시된 환태평양 지진대를 보렴. 이 부분이 전 세계에서 지진과 화산 활동이 가장 활발하게 일어나는 지역이야.

이번 일본 지진처럼 규모 8이 넘는 큰 지진은 전 세계에서 매년 한두 번 정도 일어나고 있어. 규모 5가 넘는 지진도 꽤 큰 지진이라고 할 수 있는데 일 년에 약 1,500번이나 일어나고 있단다.

|  | |  | |
|---|---|---|---|
| IX | X | XI | XII |
| 땅이 갈라지고 건물이 파괴됨. | 튼튼한 건물도 파괴됨. | 대형 구조물도 대부분 파괴됨. 땅이 크게 갈라짐. | 대부분의 건물이 완전히 파괴됨. 땅이 뒤틀리고 파도처럼 움직임. |

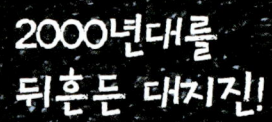

## 2000년대를 뒤흔든 대지진!

"최근에 세계 곳곳에서 일어난 어마어마한 위력의 대지진을 살펴보자!"

▲ 인도네시아 대지진

▲ 아이티 대지진 ⓒ Marco Dormino

### 지진과 해일의 공포! 인도네시아 대지진

2004년 12월 26일, 성탄절이 지나고 인도네시아 사람들은 설레는 마음으로 새해를 준비하고 있었다. 그런데 갑자기 규모 9.0의 강력한 지진이 일어났다. 지진은 무려 10분 가까이 계속되면서 사람들을 공포로 몰아넣었다. 2,000㎞나 떨어진 태국에서도 지진을 느낄 수 있을 만큼 그 위력이 강력했다. 지진이 멈추고 10분 후엔 거대한 높이의 해일이 몰아닥쳤다. 결국 거대한 지진과 해일로 인도네시아, 스리랑카, 인도, 태국 등의 나라에서 23만 명이 넘는 사람들이 목숨을 잃었다.

### 작은 섬나라에 몰아닥친 재앙! 아이티 대지진

2010년 1월 12일, 작은 섬나라 아이티의 사람들은 희망찬 새해를 보내고 있었다. 그런데 오후 5시 무렵, 갑자기 땅이 요동치기 시작했다. 규모 7.3의 강력한 지진이었다. 지진은 한순간에 건물들을 무너뜨렸고 그 안에 있던 사람들의 목숨을 빼앗았다. 몇 분 후 다시 규모 6.0의 강진이 일어났다. 지진에 대한 준비가 부족했던 가난한 나라 아이티의 건물들은 대부분 무너졌다. 20만 명이 넘는 사람들이 무너진 건물에 깔려 목숨을 잃었다.

▲ 쓰촨성 대지진
ⓒ Courtesy of Miniwiki.org

### 지진과 함께 무너진 아이들의 꿈! 쓰촨성 대지진

2008년 5월 12일, 중국 쓰촨성의 초등학생들은 평소와 다름없이 학교에서 수업을 듣고 있었다. 점심시간이 지나고 얼마 후, 학교 건물이 요동치기 시작했다. 갑자기 일어난 규모 8.0의 강력한 지진은 2분도 채 지나지 않아 학교를 무너뜨렸다. 이 지진으로 무너진 쓰촨성의 학교는 무려 일곱 곳이 넘는다. 수많은 집과 건물이 무너져 7만 명이 넘는 사람들이 목숨을 잃었고 37만 여 명이 크게 다쳤다.

강산아, 울지 마. 모르고 그런 거잖니.
옛날 사람들도 지진에 대해 정확히 몰라서
엉뚱하고 재미있는 생각을 했어.
그리스 사람들은 화가 난
바다의 신 포세이돈이
삼지창으로 땅을 내려쳐서
지진이 일어난다고 생각했단다.

북아메리카 원주민들은
지구를 등에 짊어진 거북이가
조금씩 움직일 때 지진이
일어난다고 믿었대.

또, 옛날 노르웨이 사람들은
감옥에 갇힌 악의 신 로키가
지진을 일으킨다고 믿었어. 로키가
감옥에서 탈출하려고 몸부림칠 때마다
땅이 흔들린다고 생각했단다.

옛날 일본 사람들의 생각도 재미있어.
땅속에 사는 거대한 메기를 카쉬마라는 신이 가두어 두는데,
가끔씩 메기가 빠져나와 땅을 흔들고 다닌다는 거야.

# 지진은 왜 일어날까?

옛날 사람들도 지진이 왜 일어나는지 궁금해서 별별 상상을 했던 것이겠지요? 그럼 박사님, 지진이 일어나는 진짜 이유를 알려 주세요!

자, 이 특수 지구본을 반으로 쪼개 보렴. 지진이 일어나는 이유가 이 속에 담겨 있단다.

지구본 속에 뭐가 들어 있는데요? 꼭 커다란 사탕 속에 여러 개의 작은 사탕들이 들어 있는 것 같아요.

그건 우리가 살고 있는 지구 속이란다. 지구는 내핵과 외핵, 맨틀 그리고 우리가 밟고 서 있는 단단한 땅인 지각으로 나누어져 있어.

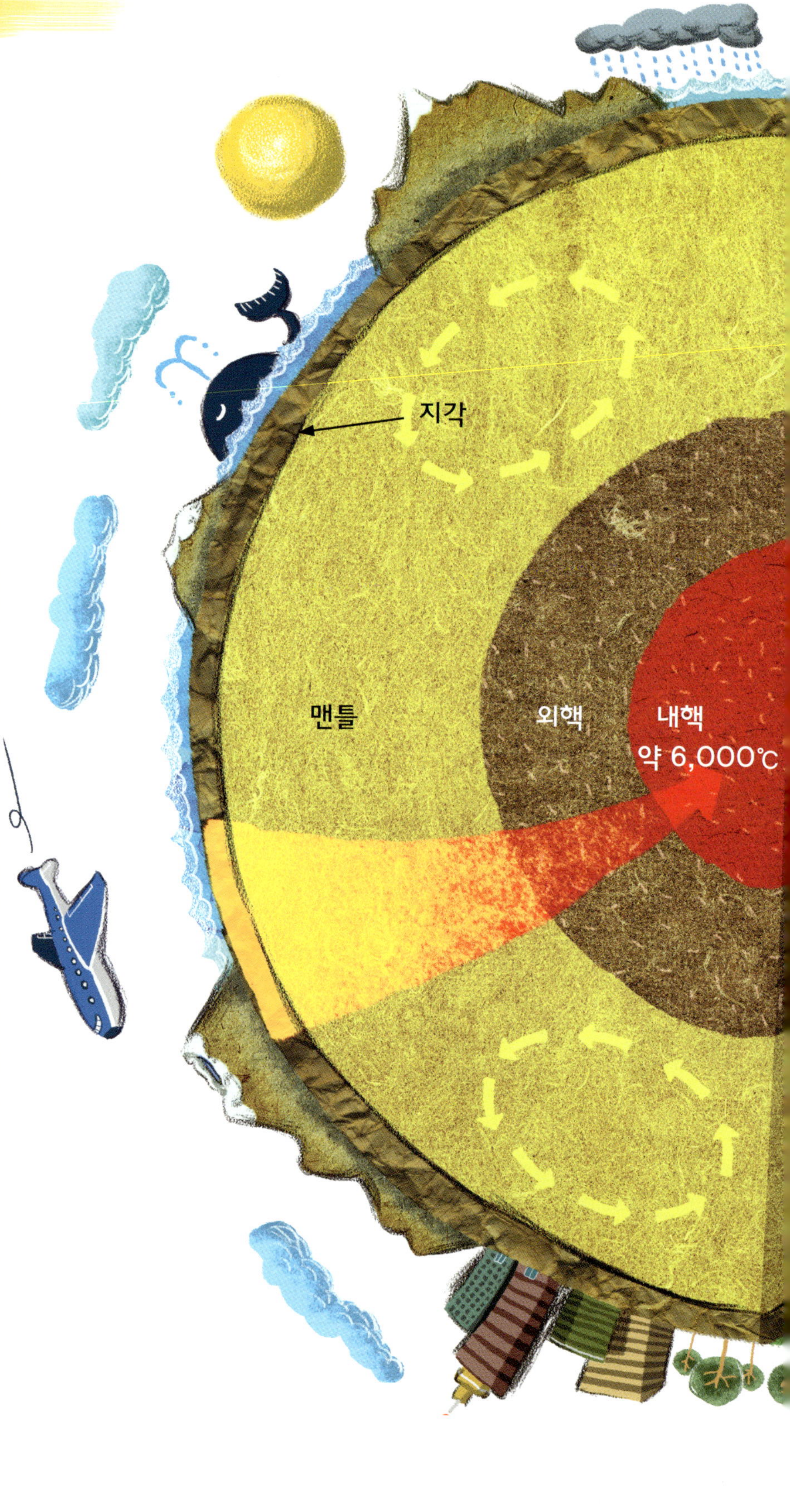

지각

맨틀    외핵    내핵
약 6,000℃

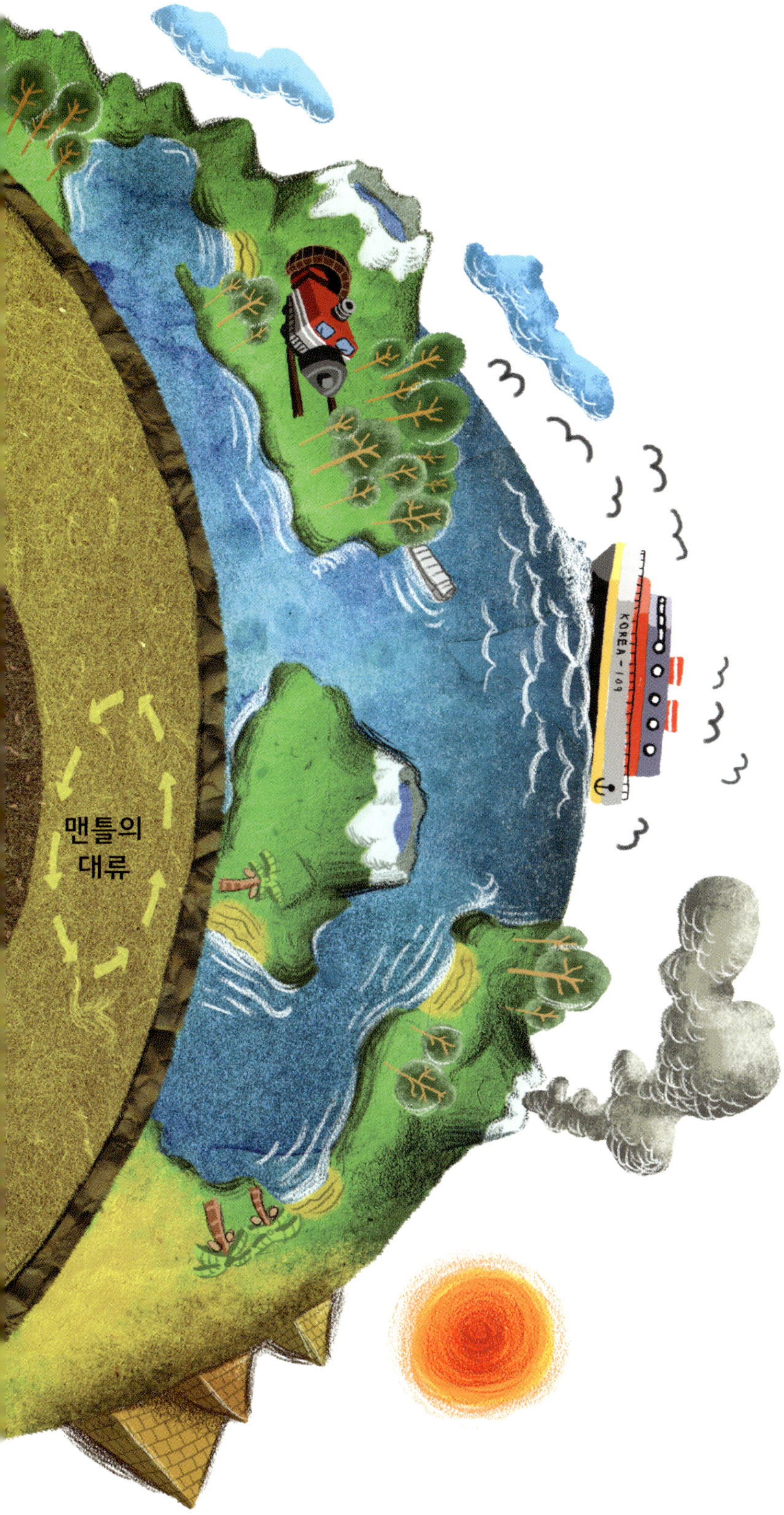

지구 속은 지각에서부터 핵까지
안으로 들어갈수록 매우 뜨거워진단다.
핵의 온도는 무려 6,000℃ 가까이 되지.
또, 지각 바로 밑의 맨틀은
돌덩어리로 되어 있는데,
매우 뜨거워서 돌덩어리들이
말랑말랑하게 녹을 정도란다.

맨틀에 대해 조금 더 자세히 알아볼까?
물이 팔팔 끓을 때 출렁거리는 모습 본 적 있지?
그건 냄비 아래에서 뜨겁게 데워진 물이 냄비 위로 올라오고,
아래보다 상대적으로 차가운 위의 물은
아래로 내려가기를 반복하면서
냄비 안을 돌고 돌기 때문이야.

맨틀도 지구 속에서 팔팔 끓는 물처럼 움직인단다.
핵에서 뜨거운 열에너지를 받아
끊임없이 위쪽의 지각으로 운반하면서 말이지.
이런 맨틀의 움직임을 맨틀의 대류라고 해.

### ❓ 잠깐! 돌고 도는 맨틀!

맨틀은 깊이가 미국 대륙을 횡단하는
철도의 길이와 비슷한 2,900km나 돼요.
핵과 가까운 맨틀과 지각과 가까운 맨틀의
온도 차이는 무려 3,900℃나 되지요.
그래서 맨틀의 대류가 매우 활발히 일어난답니다.

박사님, 이 지도는 무슨 지도예요?
마치 땅따먹기 놀이를 하는 것처럼
여기저기 줄이 그어져 있어요.

이건 전 세계 판과 판의 경계를 보여 주는 지도란다.
옛날 사람들은 지각이 대륙과 바다 밑으로
모두 이어져 있는 줄 알았어.
하지만 놀랍게도 지각은
퍼즐처럼 여러 개의 조각으로 나누어져 있어.
쪼개어진 지각 하나하나를 판이라고 해.
지도 위의 줄들은 판과 판의 경계 부분이지.

그런데 강산아, 판 아래 있는 맨틀이
끊임없이 움직이고 있다고 했지?
그래서 판들도 맨틀이 움직이는
방향을 따라 바다에 뜬 배처럼
아주 조금씩 이리저리 움직인단다.
그러다 서로 만나게 되지.

판과 판은 서로 만나는 순간,
부딪치고 밀면서 힘겨루기를 해.
그리고 힘겨루기에 진 약한 판은
강한 판의 아래로 구부려져 들어간단다.
이때 생기는 엄청난 힘 때문에 두 판은
뒤틀리고 휘어지고 심지어 찢어지기도 하지.
그러면서 지진이 일어나는 거야.

❶ 단층
판들이 서로 힘을 줄 때는 한동안 움직이지 않고 힘 싸움을 벌인다. 그러다 갑자기 힘의 균형이 무너지면 그동안 쌓였던 에너지가 한꺼번에 판을 움직인다. 이때 땅이 끊어지고 어긋난 모습을 단층이라 한다.

❷ 역단층
판과 판이 서로를 밀 때 생긴다. 일본 대지진과 같은 큰 지진이 일어나는 경우가 많다.

### ❸ 정단층
판과 판이 멀어지면서 생긴다. 역단층 지진이 일어난 뒤에 다시 땅이 원래대로 되돌아가면서 생기기도 한다.

유라시아 판

북아메리카 판

태평양 판

### ❹ 주향이동단층
판과 판이 수평으로 비껴 나가면서 생긴다.

# 궁금해! 지진의 모든 것!

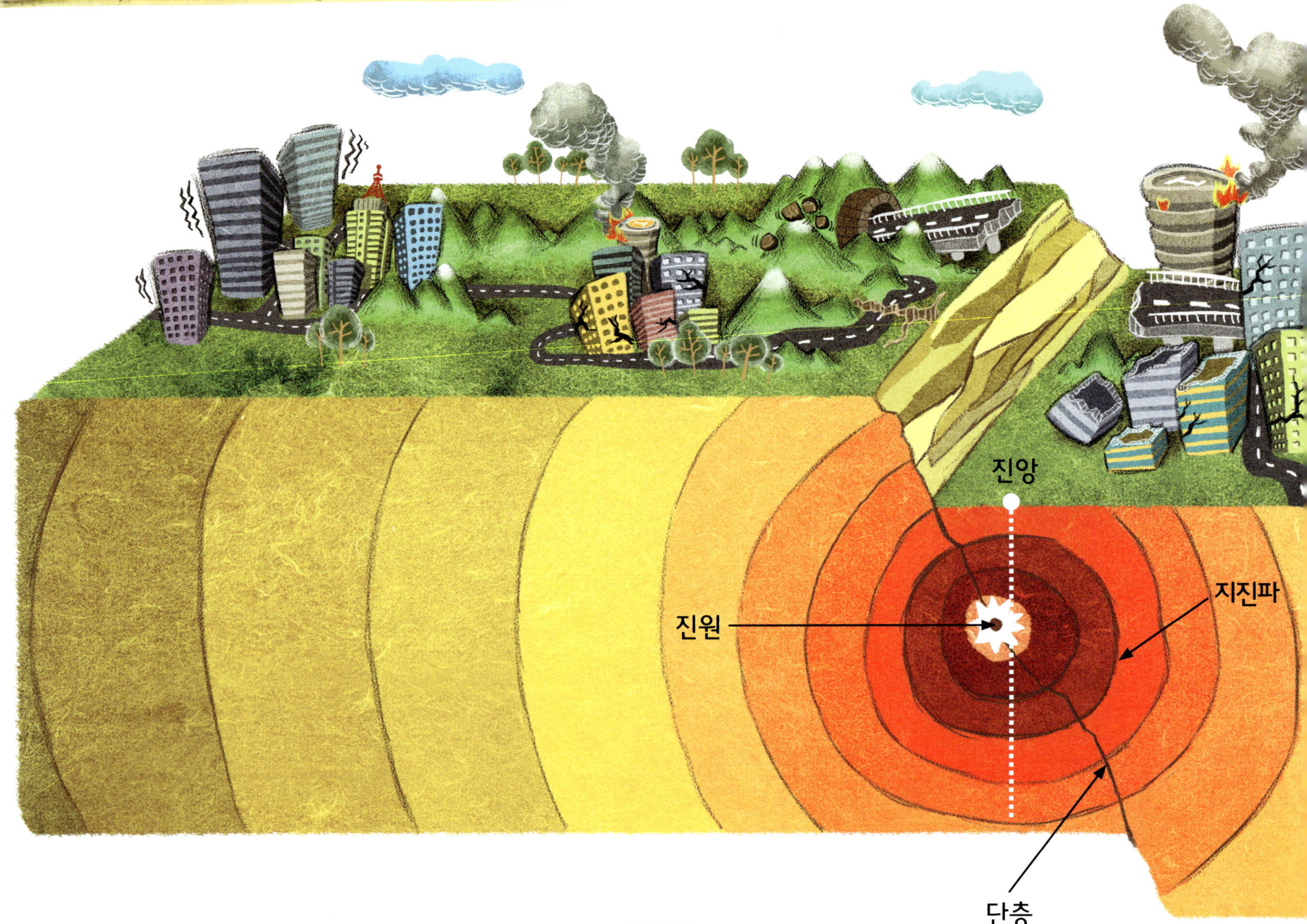

진앙

지진파

진원

단층

지진이 일어나는 이유에는 화산 활동이나 핵폭탄 실험, 땅속 빈 공간이 무너질 때 등 몇 가지가 더 있어.
하지만 규모가 큰 지진은 대부분 판의 경계에서 일어난단다.
그럼 이 지진 박사님이 지진에 관한 더 많은 정보를 알려 주마!
난 지진에 대해 모르는 게 없거든!

### ❶ 진원? 진앙? 그게 뭐야?

"진원의 깊이는 20㎞이고, 진앙지로부터 1,000㎞ 떨어진 해안에 해일이 발생할 수 있습니다." 지진에 대한 뉴스를 듣다 보면 진원이나 진앙이라는 말이 자주 나온다. 진원은 땅속에서 지진이 처음 일어난 장소이다. 진앙은 지진이 시작된 진원 바로 위에 있는 땅 위의 장소를 말한다. 지진이 일어났을 때 가장 센 진동은 보통 진앙에서 느껴진다.

❷ 지진이 일어나면 왜 멀리서도 땅이 흔들릴까?

지진이 일어나면 엄청난 진동이 생긴다. 진동은 지진이 일어난 부분에서 시작돼 판 전체로 퍼져 나가기 때문에 멀리서도 땅이 흔들린다. 지진이 일어난 곳에서 멀어질수록 땅의 흔들림은 작아진다.

❸ 지진의 흔들림을 전하는 위험한 배달부, 지진파!

진동을 멀리까지 전달하는 건 바로 지진파다. 지진파에는 P파, S파, 러브파, 레일리파가 있다. 앞뒤로 움직이는 P파와 위아래로 움직이는 S파는 땅속으로 몰래 이동한다. 러브파와 레일리파는 땅의 표면을 따라 이동한다.

❹ 한 번이 아니야? 지진 뒤에 꼭 다시 찾아오는 여진!

지진이 한 번 일어나 땅을 흔들었다고 그동안 쌓인 힘이 모두 사라지는 건 아니다. 지진이 일어난 장소 주변에는 힘이 쌓여 있는 곳들이 많다. 지진이 일어나면 이 부분들도 함께 자극을 받아 지진이 또 일어나곤 하는데 이를 여진이라고 한다.

## 지진이 몰고 오는 또 다른 공포, 해일!

지진은 사람의 힘으로
막을 수 있는 현상이 아니란다.
정말 무시무시하지.
때로는 상상도 하기 힘들 만큼
무서운 공포가 지진과 함께
찾아오기도 해.

싫어! 싫어!

네? 지금도 무서운데
더 무서운 공포가
함께 찾아온다고요?
그, 그게 뭔데요?

그건 바로 해일이란다!
2004년 인도네시아에서
지진이 일어났을 때,
엄청난 해일이 함께 찾아와
23만 명이 넘는 사람들이
목숨을 잃었어.
거대한 파도가 마을을 순식간에
덮쳐 버리기 때문에
그 피해는 상상을 초월해.

사진제공_ AP 연합뉴스

### 잠깐! 해일은 어떻게 일어나는 걸까?

해일은 바닷속이나 바다 근처에서 지진이나 화산 활동 같은 큰 충격이 일어날 때 생기는 거대한 파도로 쓰나미라고도 해요.
지진이 일어나면 지진파가 바닷물을 흔들며 파도를 만들어요.
깊은 바닷속에서는 물의 양이 워낙 많기 때문에
파도가 크지 않지만, 육지 쪽으로 가까워지면
파도가 점점 커지면서 엄청난 높이로 치솟게 돼요.

## 한국도 안전하지 않다?

신문에서 해일이 일어나기 전과
후의 사진을 본 적 있어요.
해일이 덮치고 난 마을은
정말 아무것도 남아 있지 않았어요.
해일이 일어나지 않는 한국에 살아서
정말 다행이에요.

한국에서 해일이 일어난 적이 없다고 안심해서는 안 돼.
한국도 결코 지진과 해일로부터 안전하지 않단다.
과거 조선 시대에 2,000번 정도의
지진이 일어났다는 기록이
『조선왕조실록』에 남아 있더구나.
최근 2000년대 들어서는
작은 규모지만 1990년대보다
지진이 두 배나 많이 일어났어.

해일도 마찬가지야.
수심이 깊은 동해에서 지진이 일어나면
해일이 생길 수 있어.
실제로 지난 1983년에
강원도 삼척 앞 바다에서
높이 4.2m나 되는 해일이 몰려와
한 명이 목숨을 잃고
두 명이 실종되는 사고가 있었단다.

## 잠깐! 1681년 6월 26일의 조선왕조실록 기록

『조선왕조실록』을 살펴보면, "강원도에 지진이 일어나 우레와 같은 소리가 났고 담과 벽이 무너지고 지붕의 기왓장이 떨어졌다. 양양에서는 바닷물이 흔들리고 물이 끓는 소리가 났다. 설악산 신흥사 계조암의 큰 바위가 무너져 떨어졌고, 삼척부 서쪽에 있는 두타산의 층을 이룬 바위는 예로부터 이를 움직이면 모두 부서진다고 하였는데 이도 역시 무너졌다."라는 기록이 있어요.

▲ 1978~2010년 우리나라에서 일어난 지진 분포도

# 만약 해운대에 지진이 일어난다면?

그렇게 많은 지진이 일어났다니, 우리나라도 지진과 해일로부터 안전하지 않군요. 만약에 우리나라에 지진과 해일이 일어난다면 어떤 피해가 생기는지 궁금해요.

그럼 이 몽탕흔드옹 박사의 최첨단 홀로그램 장치로 부산의 해운대에서 지진과 해일이 일어났을 때의 상황을 들여다볼까?

2011년 소방 방재청이 서울과 부산에서 지진이 발생할 경우를 가상 실험으로 알아보았어. 그 결과 만약 서울에서 규모 6.5의 지진이 발생하면 건물 58만여 채가 파손되고, 11만 명이 넘는 사람들이 죽거나 다친다는 결과가 나왔단다.

부산의 경우도 피해가 매우 컸어. 23만 채가 넘는 건물이 파손되고, 4만여 명 가까이 되는 많은 사람들이 죽거나 다친다는 결과였단다.

# 지진과 해일에 대비하려면?

으악! 우리나라의 도시나 바다에서 큰 지진이 일어나면 정말 큰일이네요!

한국에서 큰 지진이 일어날 가능성은 높진 않아. 하지만 일본 서쪽 바다에서 큰 지진이 일어나면 동해안은 해일의 피해를 입을 수 있으니, 철저한 대비가 필요하단다.

그래서 과학자들은 첨단 과학을 활용해서 되도록 정확하게 지진을 예측하고, 피해를 줄일 수 있는 방법을 연구하고 있어. 자, 그럼 어떤 첨단 과학들이 사용되고 있는지 알아볼까?

네!

▲ 지구호

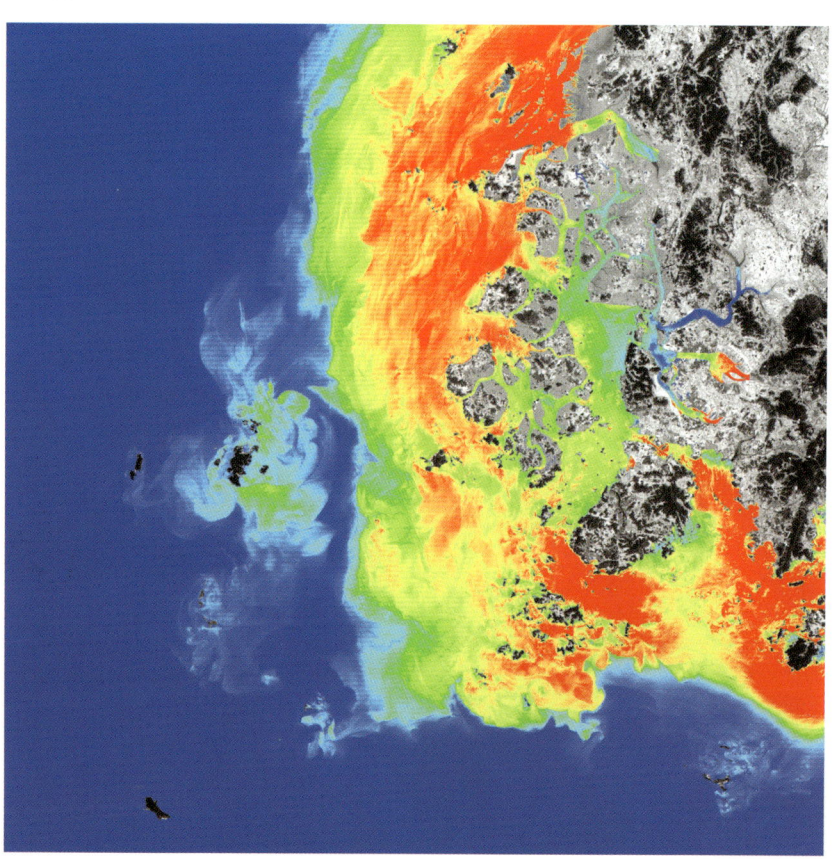

▲ 해저 온도를 보여 주는 위성 사진

▲ 해저 지각 온도 및 진동 측정

▲ 지진에 잘 버틸 수 있는 건물 설계

ⓒ Shustor

### ❶ 지진 예측의 기본은 통계!

가장 기본적인 방법으로 언제 어디에서 어느 정도 규모의 지진이 일어났다는 기록들을 모아 철저히 분석하고 예측한다. 지진은 같은 장소에서 또 일어날 가능성이 매우 높다. 과거의 기록으로 대략 얼마의 간격마다 지진이 일어나는지 알아볼 수 있다.

### ❷ 지구호! 지진의 비밀을 밝혀 줘!

지진의 피해가 잦은 일본에서는 지진의 비밀을 밝히기 위해 첨단 연구 장비들을 실은 지구호를 바닷속 깊은 곳에 설치했다. 지구호는 해저 지진이 자주 일어나는 지역의 온도와 진동을 측정한다. 활발하게 운동하는 단층은 마찰 때문에 온도가 높다. 해저 지각의 온도를 측정하면 지진이 일어날 가능성을 예측할 수 있다.

### ❸ 해일 단속은 내가! 해일 경보 시스템!

해일 경보 시스템은 해일이 발생한 사실을 감지하고 이를 알리는 시스템이다. 해일이 지나갈 때 생기는 바닷물의 작은 변화까지 감지해서 곧바로 바다 위에 떠 있는 부표에 전송한다. 부표는 다시 인공위성을 통해 전 세계에 있는 해일 경보 센터로 이를 알린다.

### ❹ 지진에 잘 견디는 건물을 세워라!

지진이 일어났을 때 가장 위험한 것은 바로 건물이 무너지는 것이다. 따라서 건물이 좌우로 흔들릴 때 잘 견딜 수 있는 건축 기술이 개발되었다. 또 흔드는 힘을 흡수하고 건물이 쓰러지지 않도록 중심을 잡는 건축 기술도 발달하고 있다.

 **잠깐! 일본 서쪽 바다에서 해일이 일어난다면?**

지난 1983년 일본 혼슈 아키타 근처 바다에서 일어난 해일은 울릉도에 77분, 묵호에 95분, 속초에는 103분 만에 도착했고, 1993년 홋카이도 오쿠시리 바다에서 일어난 해일은 울릉도에 90분, 속초에 103분, 동해에 112분 만에 도착했지요. 일본 서쪽 바다에서 일어난 해일은 우리나라 동해안에 생각보다 빨리 도착한답니다.

## 꼭 기억하세요!

이렇게 지진과 해일로부터 안전을 지킬 다양한 방법들을 연구하고 있다니 든든한걸요!

그럼 한 가지 더, 지진과 해일이 일어났을 때 대피하는 방법까지 알면 좋겠지? 인도네시아에서 해일이 일어났을 때 영국 소녀 틸리가 해일 대피 방법을 정확히 기억하고 있다가 많은 사람들을 구한 일도 있어.

한국에서도 지진이 일어날 가능성이 있고, 너희들은 앞으로 외국 여행을 할 기회도 많잖아. 언제 어디서든 지진과 해일을 만날 수 있으니 잘 알고 대비해야 한단다.

박사님이 알려 주신 것들 꼭 기억해서 위급한 상황이 생기면 틸리처럼 많은 사람들에게 도움을 주고 싶어요! 박사님, 감사합니다!

**지진이 오기 전** 평상시 비상 필수품을 집에 준비해 두고, 응급 처치법을 반드시 알아 두세요.

## 지진의 모든 것!

### 핵
지구의 가장 내부로 외핵과 내핵으로 이루어져 있다. 외핵은 액체 상태이며 철을 녹일 정도로 뜨겁다. 내핵은 고체 상태이고 지구에서 가장 뜨거운 곳이다. 핵의 최고 온도는 약 6,000℃ 가까이 될 것으로 예상한다.

### 맨틀의 대류
핵에서 전달되는 뜨거운 열에너지는 맨틀 바닥에서 맨틀 위로 전달되었다가 식으면 다시 아래로 내려온다. 이런 맨틀 안에서 이루어지는 열의 움직임을 맨틀의 대류라고 한다.

### 맨틀
지구 속에서 지각과 핵 사이 부분으로 지구 전체 부피의 83%를 차지한다. 약 50~200km 부근은 플라스틱처럼 부드럽고 조금 물렁하다. 이 부분을 연약권이라 한다.

### 지각
지구의 표면을 둘러싸고 있는 부분으로 우리가 밟고 서 있는 땅이다.

### 판
연약권 위에 놓인 맨틀과 지각을 판이라고 하는데, 크고 작은 판으로 마치 퍼즐 조각처럼 쪼개져 있다.

### 역단층
판과 판이 서로를 밀 때 생긴다. 이때 일본 대지진과 같은 큰 지진이 일어나는 경우가 많다.

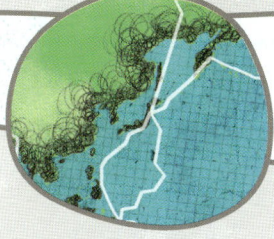
### 지진
판과 판이 만나는 순간 서로 부딪치고 밀면서 힘겨루기를 할 때 생기는 충격으로 땅이 흔들거리는 것이다.

### 정단층
판과 판이 멀어지면서 생긴다. 역단층 지진이 일어난 뒤에 다시 땅이 원래대로 되돌아가면서 생기기도 한다.

### 단층
판들이 힘겨루기를 할 때 어느 한순간 힘의 균형이 무너지면서 판을 움직이는데, 이때 땅이 끊어지고 어긋난 모습을 단층이라고 한다.

### 주향이동단층
판과 판이 수평으로 비껴 나가면서 생긴다.

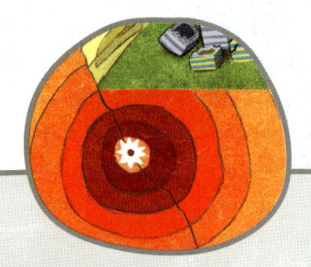

### 진원
땅속에서 지진이 처음 일어난 장소이다.

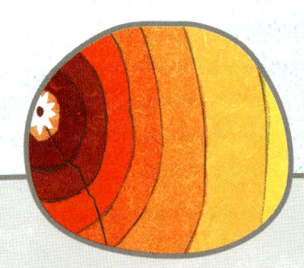

### 지진파
진동을 멀리까지 전달하는 파장으로 P파, S파, 러브파, 레일리파가 있다.

### 진앙
지진이 시작된 진원 바로 위에 있는 땅 위의 장소로, 지진이 일어났을 때 가장 센 진동이 느껴진다.

### 여진
지진이 일어난 장소 주변에는 힘이 쌓여 있는 곳들이 많다. 지진이 일어나면 이 부분들도 함께 자극을 받아 작은 지진들이 또 일어나곤 한다. 이를 여진이라고 한다.

## 지진의 규모

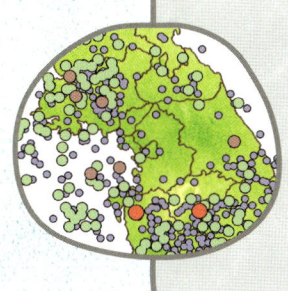

지진 자체가 만들어 낸 에너지의 크기를 측정하는 단위로, 어디서 측정하든 똑같다. 0, 1, 2 같은 아라비아 숫자로 표기한다.

## 해일

바닷속이나 바다 근처에서 지진이나 화산 활동 같은 큰 충격이 일어날 때 생기는 거대한 파도로 쓰나미라고도 한다.

## 지진의 진도

관측 장소에서 느끼는 지진의 세기로 어디에서 측정하냐에 따라 다르다. Ⅰ, Ⅱ, Ⅲ 같은 로마 숫자로 표기한다.

## 해일 경보 시스템

해일이 발생한 사실을 감지하고 이를 알리는 시스템이다. 해일이 지나갈 때 생기는 바닷물의 작은 변화까지 감지한다.

## 글 최영준

깜깜한 하늘 위에서 빛나는 별이 실은 수많은 별들로 이루어진 은하의 무리라는 것을 알고 있나요? 저는 밤하늘에 빛나는 깨알 같은 별들을 보면서 온몸에서 전기가 흐르는 느낌을 받았답니다. 그때부터 과학을 좋아하게 되었어요. 그래서 지금은 과학자들의 연구와 자연의 이야기를 많은 사람들에게 전달하는 과학 전문 기자가 되었어요. 사람들이 자연과 과학을 쉽고 생생하게 느낄 수 있도록 하는 것이 저의 목표랍니다. 서강대학교 물리학과를 졸업했고 현재 동아사이언스 격주간지 어린이과학동아 기자입니다.
지은 책으로는 『화산이 들썩들썩! 백두산이 폭발한다면?』 『지구가 흔들흔들! 해운대에 지진이 일어난다면?』이 있어요.

## 그림 신종우

어릴 때부터 만화 그리기를 좋아했어요. 밥아저씨 캐릭터 담당 디자이너로 활동했고, 의류 디자이너로도 활동했습니다. 현재는 프리랜서로 어린이 책에 그림 그리는 일을 하고 있어요. SOKI 국제 일러스트레이션 공모전 캐릭터 부분에서 장려상을 수상했습니다.

## 감수 이윤수

이 책의 모든 내용은 한국지질자원연구원 이윤수 박사님께서 감수해 주셨습니다.

**지구가 흔들흔들!
해운대에 지진이 일어난다면?**

| | |
|---|---|
| 펴낸날 | 초판 1쇄 2011년 8월 30일 |
| | 초판 8쇄 2017년 3월 17일 |
| 지은이 | 최영준 |
| 그린이 | 신종우 |
| 펴낸이 | 심만수 |
| 펴낸곳 | (주)살림출판사 |
| 출판등록 | 1989년 11월 1일 제9-210호 |
| 주소 | 경기도 파주시 광인사길 30 |
| 전화 | 031-955-1350  팩스  031-624-1356 |
| 홈페이지 | http://www.sallimbooks.com |
| 이메일 | book@sallimbooks.com |
| ISBN | 978-89-522-1607-6  77400 |

살림어린이는 (주)살림출판사의 어린이 브랜드입니다.

※ 값은 뒤표지에 있습니다.
※ 잘못 만들어진 책은 구입하신 서점에서 바꾸어 드립니다.

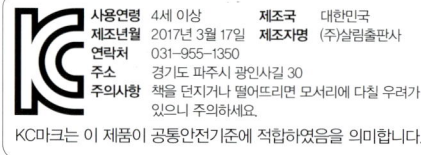

표지·본문 디자인·일러스트 | 박앤컴퍼니 bncom4@gmail.com 02.337.3375